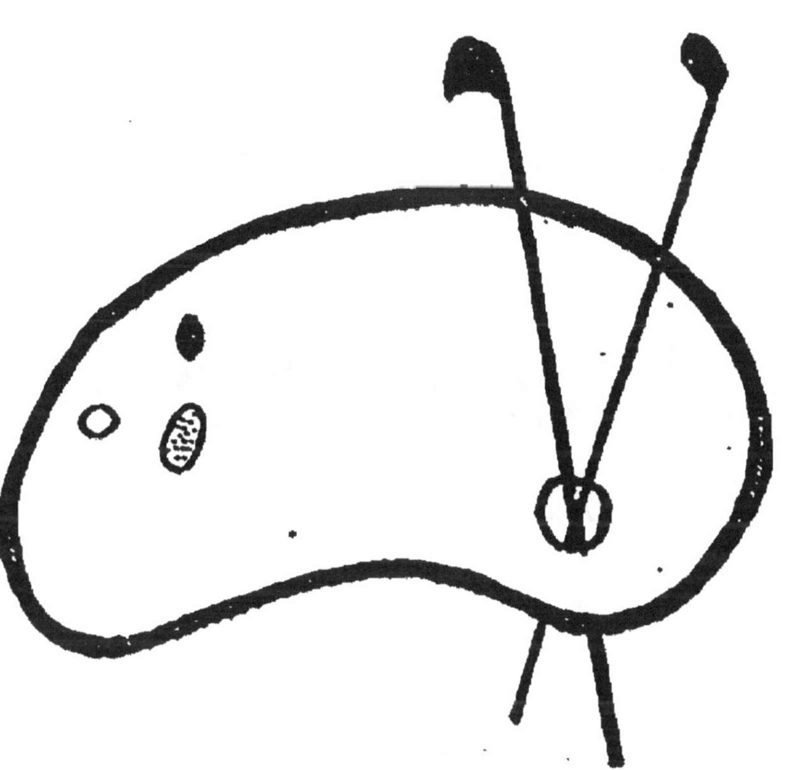

DEBUT D'UNE SERIE DE DOCUMENTS
EN COULEUR

QUESTION POLITIQUE

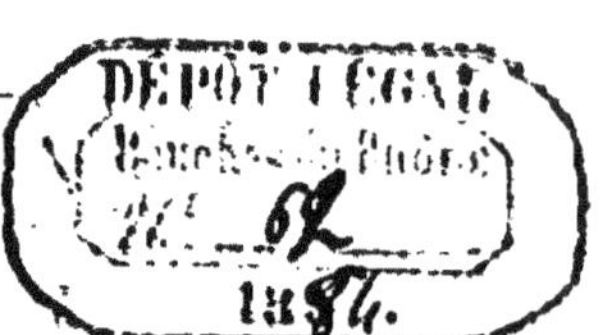

LE MYSTÈRE

D'UN

DEUXIÈME CANAL MARITIME DE SUEZ

PAR LES ANGLAIS

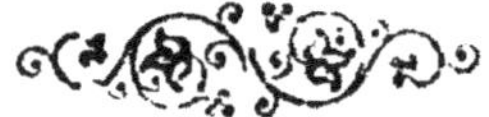

PORT-SAÏD

CHEZ L'AUTEUR M. LOUIS GINOUX

1884

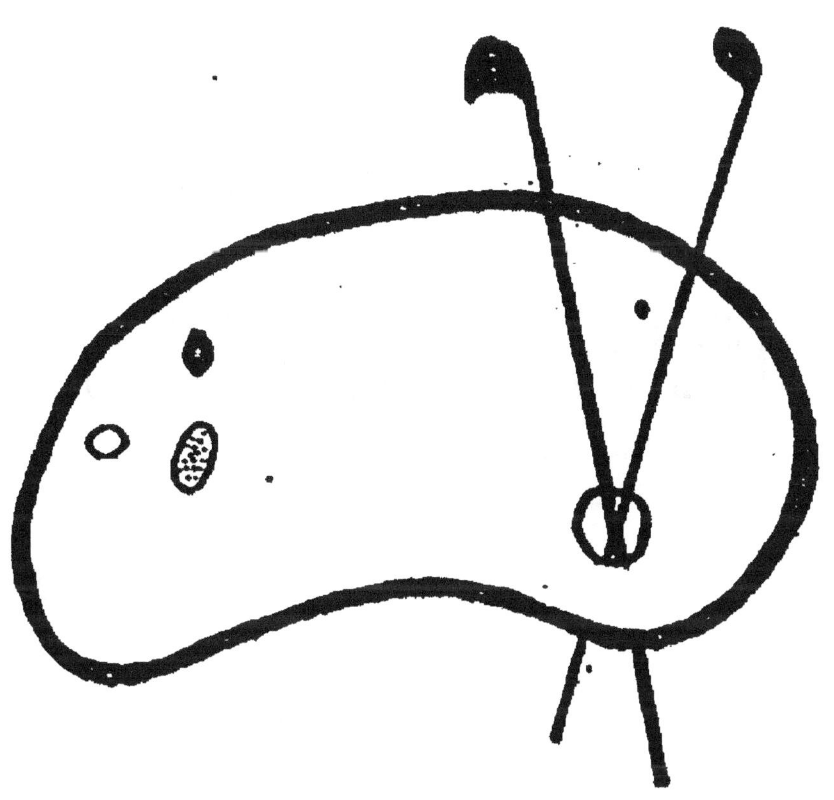

FIN D'UNE SERIE DE DOCUMENTS
EN COULEUR

QUESTION POLITIQUE

LE MYSTÈRE

D'UN

DEUXIÈME CANAL MARITIME DE SUEZ

PAR LES ANGLAIS

PORT-SAÏD

CHEZ L'AUTEUR M. LOUIS GINOUX

—

1884

LE MYSTÈRE

D'UN

DEUXIÈME CANAL MARITIME DE SUEZ

PAR LES ANGLAIS

Pour qu'en France et dans tous les pays étrangers l'on puisse connaitre à fond tous les faits criminels, toutes les concussions, toutes les dilapidations, tous les actes de forfaitures accomplis dans tous les pays de la France, d'outre-mers, entr'autre en Égypte, par la Compagnie universelle du Canal maritime de Suez, au détriment du commerce et de l'industrie Français, Italien, Hellènes, Autrichien, et ce pour en donner tout le bénéfice en pâture à ses protégés britanniques.

Il faut, Messieurs, relire les Études du sieur Ginoux, Louis, relatives à la régénération de la Turquie, de la Tunisie et de l'Égypte, au développement du commerce et de l'industrie universels, par le fait d'un barrage que l'on pourrait jeter sur le Nil.

Ainsi que son rapport contre les procédés criminels de M. Ferdinand de Lesseps, Président-directeur de cette puissante Compagnie de Suez, en numéraire et en pouvoirs de toute sorte.

Contre laquelle un procès a été intenté par l'auteur, et que'qu'il ait eu gain de cause, il interjette appel de ce jugement ayant été mal rendu.

Ou l'on rencontrera dans ses ouvrages, le mémoire descriptif de l'affaire, les conclusions du requérant, celles de la Compagnie de Suez, les copies authentiques de toutes les pièces à convictions et documents qui viennent à l'appui de tous ses dires, ainsi que le jugement rendu par le Tribunal de première instance de la réforme judiciaire en Égypte, le 10 avril 1883.

Ouvrages que l'auteur a cru de son devoir d'en faire parvenir des exemplaires dans diverses circonstances à Messieurs les ministres, sénateurs, députés et rédacteurs de journaux, pour éclairer le monde sur ce qui s'est passé, se passe et pourrait se passer en Égypte au détriment du commerce et de l'industrie. Et à seule fin que toutes les puissances ouvrent les yeux sur un projet aussi ridicule qu'inconscient que de vouloir creuser un deuxième canal maritime de Suez.

Que les puissances puissent voir sur quelle pente funeste le gouvernement britannique, de connivence coupable avec M. Ferdinand de Lesseps, veut entraîner le commerce et l'industrie de leurs nationaux, si les Anglais parvenaient à s'emparer de l'Égypte et du canal maritime de Suez... et ils comptent pour en arriver là, sur la rupture du Traité des capitulations.

Car si ce projet d'un deuxième canal venait à se réaliser, ce serait, si toutes les puissances ne se coalisent pour l'abrogation de l'article 2 de la convention de 1854 (page 10 des actes constitutifs de la Compagnie de Suez) à faire devancer de dix ans la prise de possession du canal maritime de Suez par les Anglais, si toutefois prise de possession il y avait en 1895.

A cet époque l'Angleterre aura la majeure partie des actions de Suez, liquidée en portefeuille, où les 177,642 actions du vice-roi d'Égypte, représentant un capital de quatre-vingt-huit millions, huit-cent-vingt-un-mille francs, soit 88,821,000, où ces titres ont été accaparés par les Anglais en 1875, par l'intermédiaire de M. Ferdinand de Lesseps et de M. le duc Decaze, alors ministre des affaires étrangères de France, deux têtes sous le même bonnet, qui du haut de la tribune, firent voir du noir pour du blanc comme toujours à nos députés français.

Titre que le vice-roi d'Égypte, Ismaïl, avait

offert à la France, comme c'était son devoir à des banquiers français, à Paris, qui traitèrent l'affaire mais qui durent y renoncer, d'après les conseils de ces deux hommes.

Et c'est ainsi que ces titres ont été dérobés à la France et passés dans les mains des Anglais.

Il faut dire en passant que ces 177,642 actions de Suez étaient aliénées; ou elles le sont encore jusqu'en 1895, mais c'est le gouvernement égyptien qui paye l'intérêt de cette somme, jusqu'à sa déliénation, où ces titres pourront à cette époque être répartis dans les mains d'agents du gouvernement Anglais, qui ils pourront alors se présenter aux assemblées générales d'actionnaires et, qui, ayant la majeure partie des actions liquidées auront le suffrage des voix.

Et d'après l'article 2 de la convention de 1854 (page 10 des actes constitutifs de la Compagnie de Suez) qui est ainsi conçu :

« Art. 2.— Le Directeur de la Compagnie uni-
« verselle du canal de Suez sera toujours nommé
« par le gouvernement Égyptien et choisi autant
« que possible parmi les actionnaires les plus in-
« téressés dans l'entreprise. »

Ainsi c'est en 1895, que les Anglais comptent s'emparer de la direction du canal maritime de Suez, si la France et toutes les autres puissances ferment les yeux dessus.

Attendu qu'à l'époque où cet article ? fut intercalé dans la convention de 1854, il avait été

convenu, que toutes les puissances devaient prendre un certain nombre d'actions, et participer
ainsi à l'œuvre du canal.

Tandis qu'aucune puissance n'a voulu y
souscrire, excepté la France seule, donc ces
177,642 actions de Suez, en question, qui étaient
réservées exclusivement pour l'Angleterre, la
plus intéressée dans l'entreprise, furent, sur son
refus reléguées dans les cartons de la Compagnie de Suez, où elles ont demeurées pendant
neuf années de 1854 à 1863, époque de l'avène-
ment au trône de S. A. Ismaïl, qui les prit alors
pour le compte de son gouvernement.

Et ce ne fut qu'en 1872, que l'Angleterre put
voir dans son véritable jour toute l'importance
de l'œuvre, les avantages que pourrait en retirer
un commerce maritime, aidé par l'intermédiaire
toujours de M. de Lesseps, qui avait eu le soin
de tout préparer à l'avance pour en arriver là,
par des procédés que nous ne voulons, ni qualifier ni même connaitre, tout ce que nous pouvons dire c'est qu'à cette époque, 1872, il y avait
déjà trois ans que les actionnaires, bailleurs de
fonds, fondateurs du canal maritime de Suez,
ne touchaient plus le 5 0⁄0 de leurs actions
comme pendant l'exécution des travaux du canal
de Suez, ni le moindre dividende.

Et ce ne fut que d'après ces faits que la majeure
partie des actionnaires, pour pouvoir vivre, se
virent contraints de se départir de leurs titres

de Suez à vil prix et que les Anglais achetèrent alors 250 francs.

C'est là le premier rafle des Anglais sur les actions de Suez en 1872.

Le second, les 177,642 actions du vice-roi d'Égypte en 1875, dont les procédés de M. de Lesseps et de M. le duc Decaze pour les leur faire avoir, ont été à peu près identiques.

Nos lecteurs se demanderont quel peut être l'intérêt, le but que poursuit M. de Lesseps pour agir de la sorte.

Le but le voici :

Pour que Messieurs les Anglais chantent encore plus haut que M. de Lesseps est le plus ingénieur, le plus grand français de la France.

Et qu'après son décès, les Anglais étant définitivement en possession du canal, ils puissent lui élever sur les rives du canal maritime de Suez un monument en sa mémoire.

Semblable à lui, M. de Lesseps, qui dans cette prévision a fait élever sur un piédestal, à l'autre extrémité du canal, le buste d'un officier supérieur de la marine anglaise, le premier explorateur des parages de la mer rouge.

Sachant d'avance qu'à la suite de tant de méfaits il n'a plus rien à attendre de la France républicaine, que déjà par elle, en 1849, il fut révoqué de ses fonctions de ministre plénipotentiaire qu'il remplissait à Rome, forcé de donner sa démission et de perdre ainsi tous ses états de services et ses droits à la retraite.

Et ce fut à la suite de cette catastrophe que pour pouvoir refaire sa fortune, il se lança dans des entreprises, en Espagne, en Égypte, dont les résultats obtenus sont des plus véreux.

Et qu'à partir de cette époque il a été toujours ce M. de Lesseps repoussé toutes les fois qu'il a eu l'audace de se faire porter candidat aux élections de représentant du peuple à l'Assemblé Nationale. Entr'autre à Marseille, où il n'a été apprécié que par son incurie, son mauvais génie, son autorité personnelle. Et à cette époque, ce conseil d'administration de la Compagnie de Suez, comme aujourd'hui, n'était composé que de ses créatures à lui, de même qu'il avait la majorité des actionnaires.

A ce sujet voici comment il s'exprime dans un discours prononcé par lui devant l'Assemblée générale des actionnaires à Paris, dans sa dixième réunion, 2 juin 1868 :

Voici la lettre que Son Altesse a bien voulu adresser après la dernière assemblée générale, à votre Président, chargé de représenter les actions égyptiennes dans cette réunion.

Les mêmes 177,642 actions du vice-roi d'Égypte qui à cette époque n'étaient pas encore aliénées, et qu'il répartissait dans les mains d'acolytes dont il obtenait par ce moyen la majorité des voix en sa faveur.

Et lorqu'un véritable actionnaire voulait, devant l'Assemblée, faire quelques abjections, défendre ses droits, cette cohorte de claqueurs, coiffés à l'égyptienne, se dressaient en masse, et, par leurs vociférations, couvraient la voix de l'orateur et le forçait de reprendre son siège.

Et c'est ainsi, qu'à la suite de pareille confusion de pouvoirs, des sommes considérables se sont englouties et ont fait dégénérer une bonne affaire en une mauvaise, et ont altéré la fortune de quarante-mille familles, les fondateurs du canal maritime de Suez.

Ce qui n'a pas empêché ce M. de Lesseps, pendant la pénurie des actionnaires qui a durée trois ans de 1869 à 1872, de continuer à se gor-ger d'or jusque dans les coutures de son habit, veste et culotte, en touchant comme, Président-directeur de la Compagnie, *cent mille francs par an*, non compris le sécula et le séculorum.

Et il en fut de même pour les membres de son Comité de direction, *vingt mille francs par an chacun.*

Et un mot, ayant toujours renversé ceux qu'il a voulu conduire.

Ainsi donc, il y va de l'honneur de la France de mettre un frein au débordement de cette Compagnie pour ne pas être une troisième fois leurs dupes.

Car si jamais l'Égypte et la direction du canal

de Suez venaient à passer dans les mains de l'Angleterre : ce dont Dieu garde !

Tous Français, Italiens, Hellènes, Autrichiens et toutes autres nationalités seraient rayés du cadre des employés de l'administration du canal maritime de Suez.

Il en serait de même pour les commerçants et industriels, établis en Égypte et sur toute la ligne du canal de Suez, lesquels pourraient fermer leurs boutiques.

Déjà plusieurs magasins sont instalés au Caire par les Anglais, où l'on y trouve toutes sortes de marchandises françaises, anglaises et autres, vendues à des conditions que les autres magasins français, italiens, grecs ne peuvent donner.

Et le bruit court que ces marchandises passent en franchise, sur le nom d'un général, pour favoriser le commerce de ses nationaux Anglais.

Tout pour les Anglais, rien pour les autres, c'est là leur devise.

La construction d'un deuxième canal coûterait de fortes sommes d'argent qu'il faudrait ensuite amortir toutes les années.

Ce qui ferait incontestablement tomber à un bas prix les actions de Suez qui, aujourd'hui, sont cotées à la Bourse à deux mille et quelques cents francs.

Ce qui pourrait permettre alors à l'Angleterre de faire un dernier rafle, dérober à la France, aux Français, les derniers titres de Suez restant ;

c'est là où ils veulent en venir : manipuler les revenus du canal à leur guise, pour en faire bénéficier les armateurs de navires.

Car il tarde aux Anglais et ils trouvent que dix années d'attente sont encore bien loin, surtout depuis que le bât *blesse l'Albion* quelque part.

Tandis qu'il y a un moyen plus pratique, plus efficace et beaucoup moins dispendieux, sous tous les rapports, que celui de l'entretien de deux canaux.

L'élargissement de celui qui existe suffirait grandement pour laisser passer deux navires ; un qui irait, l'autre qui viendrait, et les travaux qu'il y aurait à exécuter, à notre point de vue, ne sauraient nuire à la circulation des navires qui transitent d'une mer à l'autre, sur le canal de Suez.

Une fois l'élargissement du canal effectué, sa cuvette serait portée à 40 ou 50 mètres au plafond au lieu de 22, et à 8 mètres de tirant d'eau.

Et les balises existant sur les deux côtés seraient portées alors au milieu du canal à 50 mètres de distance l'une de l'autre, pouvant servir tout à la fois de point de mire pour la marche des navires et écarter toute collision entre eux lorsqu'ils se rencontreraient sur un même point, et, de plus, ces balises, disposées de cette sorte, tiendraient lieu de guide, ce qui rendrait les échouages moins fréquents.

Et si ce cas venait à se produire, il n'y aurait qu'à décrocher de leurs chaines d'encrage,
ces balises qui donnerait alors une espace de
150 mètres de chaque côté du navire échoué.
Travail qui ne demanderait qu'une perte de temps
insignifiante, attendu que les hommes de l'équipage du navire échoué, en attendant le remor-
queur de la Compagnie, pouraient, sous le com-
mandement du Pilote de la Compagnie, exécuter
cette manœuvre des plus simples, et laisser
passer ainsi, sans perte de temps marquant, les
navires qui viendraient à la suite.

Mais l'on ne pourrait pas se servir de ce
même procédé de balise pour le Canal de Pa-
nama, que l'on creuse en partie dans le roc. Il
faudra disposer ce canal de manière à pouvoir y
appliquer un autre procédé, qui est plus pratique encore que la balise et qui, croyons-nous,
est infaillible pour préserver le navire de l'é-
chouage, qui, en touchant au roc, pourrait
couler bas et glisser au milieu de la cuvette et
interrompre ainsi la circulation des navires.

Le canal maritime de Suez a été creusé à
travers un désert aride, en face de difficultés
sans nombre qui furent reconnues insurmonta-
bles d'après les études rélevées par une Commission d'ingénieurs Anglais.

Ce ne fut que d'après ce rapport, que ni les
Anglais, ni d'autres nations n'ont voulu y sous-

crire; risquer leurs capitaux dans une entreprise qui, disaient-ils, était une utopie, un rêve.

Et ce fut ainsi que les Anglais n'ont voulu prêter en rien, leur ministère au percement de l'Isthme de Suez, s'exerçant pendant tout le temps de son exécution à lui faire une guerre à outrance, jusqu'à enlever de force tous les hommes qui appartenait à sa nationalité, employé aux travaux du canal. Ils s'en sont emparés de force, disons-nous, et ils les ont embarqués sur des navires de guerre qui croisaient devant Port-Saïd. Les témoins oculaires de ces actes sont revenus à Port-Saïd où ils se sont établis.

Ainsi le canal maritime de Suez a été creusé entièrement par la science, par le génie de deux ingénieurs français, Les Borel et Lavalley, aidés par les capitaux français, et cela malgré le mauvais vouloir de l'Angleterre.

Et que par conséquent en présence de l'attitude hostile tenue par le gouvernement Anglais pendant tout le temps de l'exécution des travaux du canal maritime de Suez, l'on ne sait trop comment qualifier sa conduite, en élevant la voix comme il le fait aujourd'hui, car, il ne faut pas se le dissimuler, c'est toujours le gouvernement Anglais qui agit dans cette question du canal et qui pousse les armateurs, qui prétend imposer à la France ainsi qu'à toutes les puissances, leurs volontés; dicter des lois, refaire les actes constitutifs de la Compagnie de Suez, ou bien faisant connaître qu'ils creuseront un second canal qui leur appartiendra.

Cette prétention n'est pas légitime, car il n'y a que les puissances seules qui ont les pouvoirs nécessaires pour s'initier dans toutes les questions qui peuvent surgir sur le canal maritime de Suez et d'en délibérer.

Du reste, S. M. J. le Sultan l'a déclaré, et une dépêche toute récente lancée, par l'Agence Havas, nous est parvenue à Port-Saïd. La voici :

« Paris, le 17 juillet 1883.

« La Porte a protesté près du gouvernement Anglais « contre tout changement dans les conditions du canal « de Suez, qui n'aurait pas reçu la sanction du Sultan.»

C'est à la suite de cette protestation du Sultan que M. Gladstone a reconnu que toutes les questions relatives au canal de Suez sont d'un intérêt Européen commun, et il a déclaré d'après ce fait, à la Chambre des Communes, qu'il n'invitera pas le parlement à sanctionner un accord qui ne rencontre pas l'adhésion générale.

Et, en effet, le canal maritime de Suez est un traité politique, international, universel, dans lequel tous les intérêts du monde sont engagés.

Attendu que les 10,214 hectares de terrains sur lequel la Compagnie a construit le canal de Suez, à la demande du vice-roi d'Egypte Ismaïl, ont été délimités par une Commission

internationale, le 19 février 1866, et rectifié par
S. M. J. le Sultan, le 19 mars suivant.

**Voir pages 113 et 146 des actes constitutifs de la Compa-
gnie de Suez.**

Ainsi, rien ne peut être abrogé, sur ce qui est
dit et écrit dans les actes constitutifs de la Compagnie de Suez, que sur l'autorisation préa-
lable de toutes les puissances.

Déjà semblable question fut soulevée et agitée
par les armateurs dont les navires transitent
d'une mer à l'autre sur le canal maritime de
Suez.

Attendu qu'il s'agissait de savoir si la Compagnie de Suez comme elle est égyptienne.

Et ce, sans avoir fait aucune formalité pres-
crite par la loi.

(Voir page 112, article 16 des actes constitutifs de la Cie).

Si c'était bien sur le tonnage français, qui est
de mille kilogrammes, que la Compagnie devait
percevoir le droit de 10 francs par tonne sur un
navire transistant d'une mer à l'autre, sur le
canal maritime de Suez,

Ou si ce ne devait pas être, par contraire, la
jauge anglaise qui devait prévaloir sur celle du
commerce français.

L'incident fut porté devant les puissances qui
nommèrent une Commission internationale, laquelle, pour pouvoir délibérer sur la question,
rendre leur jugement sur pareille matière, se

porta à Constantinople pour être assisté de S. M. J. le Sultan.

Et dont voici le dispositif de cette sentence.

Bien que la Compagnie Universelle du canal maritime de Suez se soit constituée Française, en 1854,

Il n'est pas moins vrai qu'en 1866, elle s'est faite Egyptienne.

Et que dès lors, attendu que le droit de tonnage que perçoit le gouvernement Ottoman sur tous navires qui viennent ralier dans ses ports étant le même que celui que pratique le gouvernement Britannique, 2,000 ockes, soit 1,200 kilogrammes, et que, par conséquent, il ne peut, dans son Etat comme dans toutes ses provinces de l'échelle du Levant, entr'autre en Egypte, faire deux poids et deux mesures.

Par ces motifs :

Le tonnage anglais fut adopté par cette Commission internationale pour tout navire qui transite sur le canal maritime de Suez.

Et cette décision fut rectifiée par S. M. J. le Sultan.

(Ainsi donc le mal fait ne reste jamais impuni)

DROIT DE CONQUÊTE A QUI DE DROIT

Le Direction du canal maritime de Suez, d'après la loi, le droit des gens, et les règles de l'équité, appartient de plein droit et pour toujours jusqu'à l'extinction de la concession du canal de Suez, accordée par S. A. Mohammed Saïd, vice-roi d'Egypte, pour quatre-vingt-dix-neuf ans, à la nationalité qui en a fait la découverte, la conquête, par son génie et son argent. Par conséquent, la tutrice de la Compagnie Universelle du canal maritime de Suez, après le décès de ce M. de Lesseps, doit être cette France civilisatrice et impartiale où le soleil chez elle et dans toutes ses colonies d'outre-mer luit pour tous les commerçants et industriels de n'importe qu'elle nationalité qui viennent s'y établir et, où la justice est la même pour tous.

Et non dans les mains d'une Angleterre n'ayant ni code, ni loi, et dont sa devise bien connue est celle de l'arbitraire.

Jalousant, mettant sans discontinuité des entraves dans le développement du commerce et de l'industrie des autres puissances pour que l'on ne puisse faire la concurrence sur leurs productions coloniales, dont ils en avaient eu le monopole jusqu'à ce jour.

Laissant libres leurs missionnaires de faire avec la Bible à la main, symbole de la vertu, de la concorde et de la civilisation.

Tandis qu'ils s'en font une arme pour déblatérer les autres religions, exciter les Indiens dans les pays qui ne sont point dans leurs possessions, à la révolte contre les Européens établis dans ces divers parages, entr'autres pays Madagascar où la France a encore été contrainte à la suite de ce fait, d'indemniser l'individu d'une somme de *vingt cinq mille francs*; en fournissant à ces Indiens le commerce anglais, des fusils et des canons de gros calibres qui ne peuvent passer inaperçus aux yeux du gouvernement Anglais, qui laisse ainsi, par un esprit d'égoïsme, assassiner le monde, afin de pouvoir empêcher, par la terreur, le commerce et l'industrie des autres nations, d'aller s'installer dans ces contrées.

Lorsque le gouvernement Anglais devrait être le premier à empêcher de faire un pareil trafic sur les armes destinées à un semblable usage.

Et si un Français ou toute personne d'une autre nationalité fait assigner un Anglais pour vider un différend devant son autorité consulaire il faut qu'il ait dix fois raison pour pouvoir obtenir à demi son droit.

La conduite de ses tribunaux consulaires en pays étranger, vis-à-vis des justiciables de toutes les autres nations, dictée peut être par le gouvernement Anglais lui-même, a un caractère des plus déloyaux.

Toute l'authenticité de ce fait, de cette calamité, commerciale, qui, à ce que nous supposons, n'est autre qu'un vol organisé, nous la tenons dans nos mains, ayant nous-même, personnellement passé sous cette filière.

Et nous repoussons de toute la force de notre âme, de pareils stratagèmes, l'intervention par les Anglais sur le canal maritime de Suez, toute somme que l'Angleterre a l'audace de venir nous offrir aujourd'hui aussi piteusement au 3 0/0 d'intérêt, nous ayant pris pour une nation dégénérée, impuissante, que l'on peut encore attirer dans un piège.

Nous n'avons pas eu besoin de son argent pour l'érection de ce gigantesque ouvrage, qui fait aujourd'hui la gloire de la France et du génie français.

Nous n'avons pas besoin de son argent pour les améliorations que la France jugera opportun d'y apporter dans l'intérêt de toutes les nations.

Et il faudrait qu'il n'y eût plus de Français en France pour accepter une pareille humiliation.

A ce sujet, nous nous en rapportons à la sagesse et au jugement de toutes les puissances.

Louis Ginoux, résidant en Égypte depuis plus de vingt ans, un des plus fort propriétaires d'immeubles à Port-Said, lequel par ce seul fait devrait être considéré comme un des plus intéressés, à ce que les travaux d'un deuxième canal, qui devrait avoir une durée de cinq ans, s'exécutassent; ce qui lui permettrait de tirer partie de son immeuble en rapport des sommes qu'il a pu dépenser dans sa construction.

Mais avant tout il est Français, et il tient à l'honneur de la France à ces anciennes traditions. « Vaincre ou mourir pour le droit. »

Car tout gouvernement qui se maintient et ne

vit que dans la passion, tout viendra en son temps ; depuis 13 années qui se sont écoulées, le gouvernement marche en reculant, fait sans discontinuité des concessions à ses administrés au lieu de punir leurs méfaits. De même vis-à-vis de certaines puissances, il finit par se déconsidérer, tomber dans la décrépitude et le peuple arrive à ne plus en vouloir.

A notre point de vue, pour rendre la République Française, forte et prospère, et se maintenir au premier rang parmi les nations civilisées,

Il faut qu'elle soit gouvernée par des têtes doublées d'acier, si elles ne le sont pas il faut y parvenir,

Par des hommes tout à la fois instruits; énergiques, prudents, justes et intègres.

Avoir dans chacun de ses ports de mer, en réserve ou en activité, une flotille de navires croiseurs cuirassés, d'une vitesse hors ligne, pouvant, au cas échéant, être armés et montés par un équipage de volontaires, commandés par un Jean-Bart.

La structure de ces navires serait prise sur le même modèle, portant sur la proue et à l'arrière le même nom, et pour en désigner le nombre dans chaque port l'indication serait, par exemple : des étoiles.

L'Audacieux de Toulon,
****,

Do Brest, do Cherbourg, do Rochefort do Lorient.

Pour poulèno un soleil, emblème do la liberté, do l'industrio et du commerce universels sur tous les parages do monde.

Et ce typo do naviro quoique do moyenno grandeur, aurait tout à la fois uno coupo des plus coquettes et des plus robustes, pouvant tonir tête à la tempêto, ot détruiro uno escadro ennemio.

Car il faut en finir uno bonno fois, trancher dans lo vif, ou si non, République, il faut céder lo pas à la Monarchio, qui ello alors, commo par lo passé, so chargera do fairo respecter les droits de la France et de donuer uno plus grande extension dans le développement du commerco et do l'industrio : co que jusqu'à co jour vous avez été incapable do faire, que sur un point indiqué sur un de nos ouvrages.

Et quant nos gouvernants de la République tiendront co langago et qu'ils agiront en même temps à la construction do ces croiseurs à grando vitesso,

L'Angleterre mettra do l'eau dans son vin. Bref.

Créer, en France, deux lignes de chemin do fer en plus, do Marseillo, do Bordeaux et du Havre, reliant Paris, seulement réservés au transport des marchandises, sur lesquelles un prix unique serait fixé lo long do ces trois lignes, ainsi que sur tous les embranchements sans augmentation de prix.

C'est-à-dire que le prix du transport des marchandises ne coûterait pas plus cher pour celles qui iraient jusqu'aux frontières à l'intérieur de la France que pour celles qui s'arrêteraient à 100 ou 200 kilomètres du point de départ ou du retour. Ce fait pourrait arrêter la décentralisation de la population rurale de tous les pays montagneux, denués de tout commerce et de toute industrie sérieuse. Tandis que ces mêmes pays pourraient, par ces moyens de transports faciles et moins coûteux, être favorisés comme tous les autres.

En créant dans ces contrées où les chutes d'eau abondent ainsi que le bois, des manufactures hydrauliques de toutes sortes, et exploiter ainsi les gisements de minéraux qui peuvent s'y rencontrer, tout en cultivant de plus grandes surfaces de terrains.

Ces manufactures une fois créées donneraient une plus-value, au pays, au sol et de plus forts revenus à la commune et au gouvernement.

Elles pourraient, d'autre part, permettre à l'industrie et au commerce français, le prix de la main-d'œuvre dans ces pays devenant alors meilleur marché, semblable à celui que payent nos voisins d'Allemagne, d'Italie, d'Autriche, de Belgique, de soutenir la concurrence que nous font ces quatre puissances, concurrence qui grandit tout les jours dans l'exportation, surtout en Egypte, où nous pouvons voir, de nos propres yeux, livrer leurs produits manufacturés à des conditions meilleures que celles de provenance française et que les consommateurs achètent de préférence à cause de la différence du prix, bien que la marchandise ait le même mérite.

Il en est de même pour certaines productions d'Amérique et d'Angleterre que l'on livre, entre autres les cotonades à 50 centimes le mètre, tandis que les mêmes produits de France ne peuvent être livrés qu'aux prix de 80 et 90 centimes le mètre.

Gouvernants de la République, ouvrez les yeux, ceci n'est point un rêve.

POUR TOUS ÉGALITÉ DEVANT LA LOI

Faire le droit à qui de droit, car il y a longtemps que le peuple est éclairé sur ce point et qu'il proteste.

Tandis que depuis 13 années que la République est fondée en France, dont sa devise est celle de l'égalité pour tous devant la loi, cela n'est encore qu'un vain mot.

Pour arriver à ce point il faut rendre responsable de leurs actions ; tout juge et avocat.

Comme le dit très bien M. le Président du tribunal en réponse du justiciable.

PERSONNE N'EST CENSÉ IGNORER LA LOI

Tandis que ces Messieurs eux, l'ignorent complètement quand ils veulent.

ÉGALITÉ POUR TOUS DEVANT LA LOI

Frapper sans trêve ni merci sur tout coupable qui a failli au devoir, à l'honneur, de n'importe quelle classe de la Société à laquelle il appartienne.

Tel que *le forçat Bazaine,* qui aurait dû pour la dignité, l'honneur de la République Française, pour l'ordre public, être non pas fusillé comme la sentence l'ordonnait, car ça aurait été trop d'honneur à lui faire ; mais bien pendu, comme tout traitre à la patrie l'est *en Angleterre.*

Et son cadavre et son spectre devrait encore y être comme la peau de marque mal est clouée sur le mur de la salle d'anatomie de la Faculté de Médecine à Montpellier : comme un haillon est suspendu au bout d'une perche pour effrayer les oiseaux malfaisants.

Et le gouvernement de la République Française ne s'en porterait que mieux, et n'aurait pas tous les tiraillements qu'il a avec certaines puissances, suggérés par un groupe de conseiller d'Etat, consuls et autres personnages, la plus part créatures de M. de Lesseps, et qui entourent la présidence et tous les ministères dont ils en obtiennent les plus hautes faveurs pour tous ceux qui ont trempés et . tromperont leurs mains criminelles dans les tripôts de ce M. de Lesseps, qui a toute prépondérance sur les plus hautes sommités gouvernementales de la France, lesquelles n'ont jamais pu savoir ce qu'il se passe enfin en Egypte, au détriment du développement du commerce et de l'industrie, ne s'en étant jamais rapporté sur ce qu'a bien voulu leur faire croire ce M. Ferdinand de Lesseps qui dit connaitre l'Egypte comme sa poche : oúi, pour l'avoir ruinée de fond en comble ; de même pour la Turquie et la Tunisie, en leur ayant fait contracter par son influence à Paris, des emprunts jusqu'à plus soif, dont il en a retiré pour sa part, pour l'achèvement des travaux du Canal maritime de Suez et pour son inauguration, au moins cinq cent millions de francs, soit 500,000,000.

Ces Méssieurs ayant, par ce fait, ouvert toutes les portes des ministère et de la présidence de la République, dans lesquels ço M. de Lesseps a pu ainsi se former un gouvernement à lui, qui, tout en se butant contre les institutions républicaines, en obtenait les plus hautes faveurs.

Tout dernièrement encore, à l'occasion de l'anniversaire de la République Française, le 14 juillet 1883, un des administrateurs de la Compagnie de Suez, d'après les sollicitations de ce M. F. de Lesseps, a été décoré de la Légion d'honneur.

Car, enfin, pour être décoré de la Légion d'honneur il faut avoir rendu quelques services à la Patrie.

Cependant notre critique ne porte nullement sur ce fonctionnaire, qui n'est pour rien dans les manœuvres déloyales de cette puissante Compagnie, en numéraires et en renvoirs de toutes sortes.

Mais bien sur son Président-Directeur, M. F. de Lesseps, qui se dit le plus fervent serviteur de la République Française.

Tandis qu'il en est le pire ennemi.

Lorsqu'il n'a pas même daigné, dans cette circonstance comme dans les années précédentes, en reconnaissance des hautes faveurs qu'il obtient de notre Gouvernement à l'égard de ses employés et autres, faire arborer un seul drapeau français sur les édifices de la Compagnie de Suez, afin de célébrer l'anniversaire de sa bienfaitrice, et lorsque les capitaux et la science dont il s'est servi, pour faire exécuter les travaux du percement de l'Isthme de Suez pour l'érection de ce gigantesque ouvrage, sont tous français.

Qui pourrait donc l'en empêcher, si dans ses veines il y coulait le sang d'un honnête homme, d'un Français.

A quand donc, le gouvernement de la République Française, dont la devise est celle de l'égalité pour tous devant la loi, mettra-t-il un froin au débordement de cette caste impure, imbue d'abus de pouvoirs, qui ronge par son immoralité, tout le prestige d'un gouvernement fort et honnête, qui, cachés derrière le rideau de l'impunité, font voir du noir pour du blanc, font passer sous leurs filières nos plus grands hommes d'Etat, ainsi que les tribunaux de la Réforme judiciaire en Egypte.

Dans cette position des plus critiques et des plus tendues pour la République Française,

Il faut, coûte que coûte, la dégager de dessous les griffes de cette cohorte de malfaiteurs,

Si l'on ne veut, voir pour la troisième fois, par le manque de jugement de nos gouvernants, tomber la République dans le néant, et cela par le peuple lui-même qui finira par déserter les urnes électorales et qui laissera ainsi le champ libre à la Monarchie, qui, elle saura, comme par le passé, faire respecter les droits de la France.

Tâche qui incombe à tous les hommes de bien qui tiennent à leur dignité de Français, à l'affermissement des institutions républicaines, à sa grandeur, à sa prospérité dont le maintien repose uniquement sur le développement du commerce et de l'industrie dans l'exportation ; sur ses droits qui sont des plus légitimes ; sur le Canal maritime de Suez, ainsi que sur le maintient du traité des capitulations.

Dont Dieu garde toutes les puissances, entr'autres la Russie et la Grèce, de toucher à

cette corde, que s'ils venaient à signer la sup-
pression du traité des capitulations, ils rom-
praient tout à la fois la convention relative au
dogme de la religion chrétienne, orthodoxe et
israélite.

Privilège que le gouvernement Turc a accordé
à tout sujet Ottoman qui professe ces deux religions, leur ayant reconnu le droit de faire juger
toutes les questions qui se rattachent aux suc-
cessions patrimoniales, par leurs patriarches et
rabbins.

Convention conclue, entre le Gouvernement
Ottoman et les patriarches de ces deux religions
et signée comme le traité des capitulations par
toutes les puissances en l'an 1453, après la
mort du grand Constantin tué dans une bataille
contre les Turcs, où ils purent s'emparer alors
de Constantinople.

Cette convention fut conclue par le Gouvernement de la Sublime-Porte, dans le seul but de
calmer la fureur des chrétiens orthodoxes et des
juifs contre ce peuple barbare, et à fournir aux
patriarcas de ces diverses religions, un certain
revenu pour solder en partie les honoraires de
leurs desservants.

Et déjà les Turcs, sentant la rupture du traité
des capitulations en branle, se sont refusés de
reconnaitre aujourd'hui, ce traité sur la succes-
sion d'un défunt, sujet turc mort, à Port-Saïd,
chrétien orthodoxe.

Ainsi si les puissances venaient à annuler le traité des capitulations, l'autre également tomberait dans le néant.

Et les patriarcas dépouillés de ce revenu, n'auraient plus cette responsabilité qui leur incombait, et plusieurs d'entre eux depuis ont payé de leur sang, pour n'avoir pas su maitriser la révolte des Grecs contre les Turcs, lesquels se trouvant dégagés de cette responsabilité, ralumeraient cette haine implacable des mieux justifiées qu'ont les Grecs contre les Turcs; haine qui jusqu'à ce jour, disons-nous, a été maitrisée par leurs patriarches qui ont toute prépondérance sur le peuple.

Sous ce crépuscule il nous semble voir déjà poindre une guerre de religion, dont les conséquences pour le commerce et l'industrie de toutes les puissances, sont toutes palpitantes et fument encore sous les décombres de la ville d'Alexandrie, incendiée et pillée par ce peuple de cannibale.

Et malgré l'intervention armée de toutes les puissances coalisées, on ne saurait en arrêter le fléau, qu'après son entier dénouement : l'extermination de la race musulmane.

Mais à quel prix.

Et ce sera vous, France républicaine, qui supporterez toute les conséquences de tant de malheurs qu'il y aurait à déplorer.

Car c'est la France seule qui, aujourd'hui, en a pris l'initiative pour la Tunisie.

Et que par conséquent si l'on rompait le traité des capitulations sur ce point, il serait rompu sur toute l'échelle du Levant, et enfin dans toutes les provinces de la suzeraineté de l'empire Ottoman.

D'autre part, y songe-t-on ? La rupture de ce traité serait un désastre irréparable pour le développement du commerce et de l'industrie de toutes les puissances, dont les ports de mer sont baignés par les eaux de la Méditerranée à proximité de l'Égypte.

Ce qui ferait triompher le commerce et l'industrie de l'Amérique et de l'Angleterre, ayant l'avantage d'avoir chez eux certaines matières premières sur place.

Tandis que les impôts qu'ont à payer le commerce et l'industrie européens en Egypte restant tel que, convenu dans le traité des capitulations les avantages sont balancés.

Il ne resterait plus que la question de la main-d'œuvre à résoudre.

Lorsque l'Égypte serait le plus riche pays du monde le jour où l'on saurait tirer partie de son sol, étant situé comme l'Amérique sous la même latitude longitudinale de l'équateur et plus à proximité de l'Europe.

Pouvant, dans un laps de temps des plus rapprochés, se dégager de la crise financière qui pèse sur son état, et dégager en même temps celle de la Turquie et de la Tunisie, le jour où l'on aura jeté un barrage sur le Nil.

L'on pourrait voir alors les revenus du gouvernement Égyptien prendre, toutes les années des proportions colossales.

Et cela sans qu'il en coûte un centime au gouvernement Égyptien.

Attendu qu'une Compagnie financière pourrait se charger d'en faire exécuter les travaux avec ses propres fonds, et même fournir l'argent nécessaire pour indemniser les propriétaires et commerçants dont les maisons et marchandises ont été victimes des incendies à Alexandrie, et pour mettre le budget de l'Égypte, de la Turquie et de la Tunisie à jour.

En donnant en compensation des sommes dépensées par elle à cet effet et à l'érection de ce gigantesque ouvrage de barrage du Nil, certaines concessions que le gouvernement Égyptien peut faire.

Travaux qui ne demanderaient pas plus de deux années pour obtenir un premier résultat des plus satisfaisants.

Tandis que le gouvernement Égyptien n'a jamais voulu voir ni laisser voir aux autres puissances, les richesses immenses que l'on pourrait retir de son sol, une fois ledit barrage du Nil effectué.

Toujours avec cette pensée et cet esprit de la rupture probable du traité des capitulations.

N'ayant jamais voulu et cela depuis l'introduction des tribunaux de la réforme judiciaire en Égypte, fonder, au Caire, un bureau pour pouvoir y déposer les idées de tous et de chacun, les plans et modèles et délivrer, en payant, des brevets d'invention, à toute personne qui en ferait la demande, comme cela se pratique dans tous les pays civilisés, où sort toutes les richesses de l'agriculture, du commerce et de l'industrie.

Prétextant pour cela que le développement de l'agriculture, du commerce et de l'industrie en Égypte attireraient un trop grand nombre d'Européens, qui corrompraient son peuple et qu'il pourrait un jour être débordé.

Que la loi musulmane dite du Coran, interdit à tout croyant, de toucher en quoi que ce soit, d'exploiter les richesses renfermées dans son sol tels que gisement de minéraux, forêts, entr'autre sur le Nil de ne toucher en rien sur son parcours.

Et alors, suivant ces dires d'une stupidité sans borne, ce devrait être encore nous Européens, résidant en Égypte qui, après avoir payé une première fois de notre sang et de notre argent, et après nous avoir fait payer arbitrairement de nos terrains sur lesquels nous avons fait ériger nos maisons à Port-Saïd et à Ismaïlia, six fois la valeur de ce qui est dû à la Compagnie de Suez et partagé en commun avec le gouvernement Égyptien d'après soit disant une convention illicite, s'il y en a une portant la date du 23 avril 1869, qui payerions, disons-nous, une troisième fois les pots cassés des monarques, de ce M. F. de Lesseps.

C'est donc lui, disons-nous, M. de Lesseps qui, par son influence, a entrainé et fait contracter au Vice-Roi d'Egypte, au Bey de Tunis, ainsi qu'à S. M. J., le Sultan, des emprunts jusqu'à plus soif.

Emprunts qui ont apporté dans les finances turques, égyptiennes et tunisiennes, la plus grande perturbation, et dans le monde financier la plus grande désolation.

Et c'est là l'homme que l'on ose vénérer !

Ce n'est qu'à la suite de ces faits que le révolutionnaire Arabi a agi, voyant que tout l'argent de ces emprunts, ainsi que tous les revenus de l'Egypte, se dépensaient dans des folies sans nombre ; que les officiers et soldats n'étaient plus payés régulièrement, par deux, trois mois de retard ; sans médicaments dans les hôpitaux.

Qu'auriez-vous fait, vous, Français, dans une pareille situation ?

Ainsi c'est lui seul, ce M. Ferdinand de Lesseps, qui est la cause de tant de calamités qui ont frappé la Turquie, la Tunisie, l'Egypte et le monde financier, sans avoir pu connaitre jus-

qu'aujourd'hui la provenance de tant de désas-
tres.

1° du départissement à vil prix des titres de
Suez par les actionnaires bailleurs de fonds,
pour l'érection du Canal maritime de Suez, ac-
caparé par les Anglais en 1872 ; 2° si les 177,642
actions de Suez que détenait le Vice-Roi d'Egypte
sont passées aussi dans les mains de l'Angleterre ; 3° de la déchéance du Vice-Roi Ismaïl en
1879 ; 4° du massacre des Européens par les
Musulmans, dans la journée du 11 juin 1882, à
Alexandrie ; 5° du bombardement de cette ville
par la flotte anglaise qui, par son incurie mili-
taire, a livré cette ville au pillage et à l'incendie,
détruite en partie ; 6° de la ruine, de la désolation, de la folie, de la mort prématurée, d'hommes des plus fortement trempés, de pères de
familles de nationalités Françaises, Italiennes,
Hellènes et Autrichiennes, tous sous-conces-
sionnaires de terrains à la Compagnie de Suez,
fondateurs des villes de Port-Saïd et d'Ismaïla,
auxquels ce M. de Lesseps a, par la raison du
plus fort, par la fraude et par la corruption ex-
torqué l'argent : à ces pauvres ouvriers sans
défense, leur enlever le morceau de pain qu'ils
avaient acquis à force de travail et d'économie,
sous le ciel tropical, pour le reste de leurs vieux
jours.

Pour en donner tout le bénéfice en pâture à
ces protégés britanniques.

Car il faut enfin que toute les puissances sachent bien avant toute résolution, que la Sublime-Porte ottomane a accepté le traité des capitulations en faveur de toutes les puissances, sur toute l'échelle du Levant, en payement de frais de guerre et par tant de sang versé par nos pères et par nous dans l'affaire de la Crimée, pour la défense de l'islanisme et du droit commun sur le passage des Dardanelles et aujourd'hui sur celui du Canal maritime de Suez.

Et que, par ces faits, il a été convenu et arrêté entre la Sublime-Porte ottomane et toutes les puissances, qu'à l'avenir et pour toujours les impôts qu'aura à payer tout commerçant Européen qui viendra s'établir en Egypte et dans toutes les échelles du Levant, ainsi que dans les provinces dépendant de la suzeraineté du gouvernement de la Sublime-Porte, resteront fixés ainsi qu'il suit :

Le 4 0/0 pour la sortie des productions égyptiennes ;

Le 8 0/0 pour la rentrée des produits manufacturés et autres Européens.

Ainsi, d'après ce même avis adressé à Messieurs les présidents des Chambres de Conseils, des Ministres de France, d'Italie, de Grèce, d'Autriche, le 20 octobre 1883, le gouvernement Italien, le premier, a rompu, dans le courant du mois de novembre suivant, tout pourparler entamé avec le gouvernement Français, au sujet de la rupture du traité des capitulations.

Et nous avons la ferme conviction que tous rédacteurs de journaux et tout homme bien pensant qui tient à sa dignité de Français, se ralliera du côté du bons sens de l'Italie, qui se refuse formellement à la rupture du traité des capitulations.

Et qu'ils voudront bien insérer cet écrit dans les colonnes de leur estimable journal, toujours ouvert aux idées de progrès de la civilisation, du développement du commerce et de l'industrie universels, et de la repression de l'opprobe.

Port-Said, le 2 janvier 1861.

M. Louis Ginoux prie en même temps ces Messieurs de vouloir lui faire l'honneur de faire parvenir à son adresse plusieurs numéros de leurs feuilles sur lesquelles ils auront voulu insérer cet écrit, dans le but de pouvoir garder le meilleur souvenir envers ceux qui auront bien voulu prêter leur concours à une œuvre philanthropique, qui doit éclairer le monde, les peuples sur leurs droits tant de fois évincés par cette caste impure qui les frappe, impunément, sans discontinuité.

Et ne serait-il pas plus logique et plus rationnel que ce corps d'élite des conseillers d'Etat, au lieu de sortir de la coterie, fut choisi parmi les députés élus par le suffrage universel, hommes connus, dont la probité a passé par tant d'épreuves, la dernière devant la Chambre des représentants du peuple.

Louis GINOUX.

Je me répète :

A quand, disons-nous, la solution de cet état de choses étranges sous ce siècle des lumières, le gouvernement de la République Française, mettra-t-il un frein au débordement de cette Compagnie, à cette cohorte de malfaiteurs qui, la plus part, rongent par leurs immoralités tout le prestige d'un gouvernement fort et honnête.

Qui, caché derrière le rideau de l'impunité, veulent, par leurs iniquités, faire dire au peuple dans un temps plus ou moins éloigné, nous n'en voulons plus de votre gouvernement de la République qui n'a su nous créer que des entraves dans le développement du commerce et de l'industrie, en ayant rompu le traité des capitulations, désertons les urnes électorales.

Et quand l'on pense que ce sont ces mêmes hommes qui, pour cacher leurs jeux, disent et font dire par les journaux, à qui veut bien l'entendre, que ce sont les républicains qui veulent la ruine de la République.

C'est à ne pas y croire.

Enfin, ne devrait-on pas, et ne serait-il pas plus sage, plus rationnel, de recruter ce corps d'élite de conseillers d'Etat, parmi les députés élus par le suffrage universel, ou la moralité bien connue est celle d'honnête homme, de républicain sincère ayant passé par tant d'épreuves, la dernière devant la Chambre du Parlement.

Louis Ginoux.

Marseille. — Typ. Blanc & Bernard.

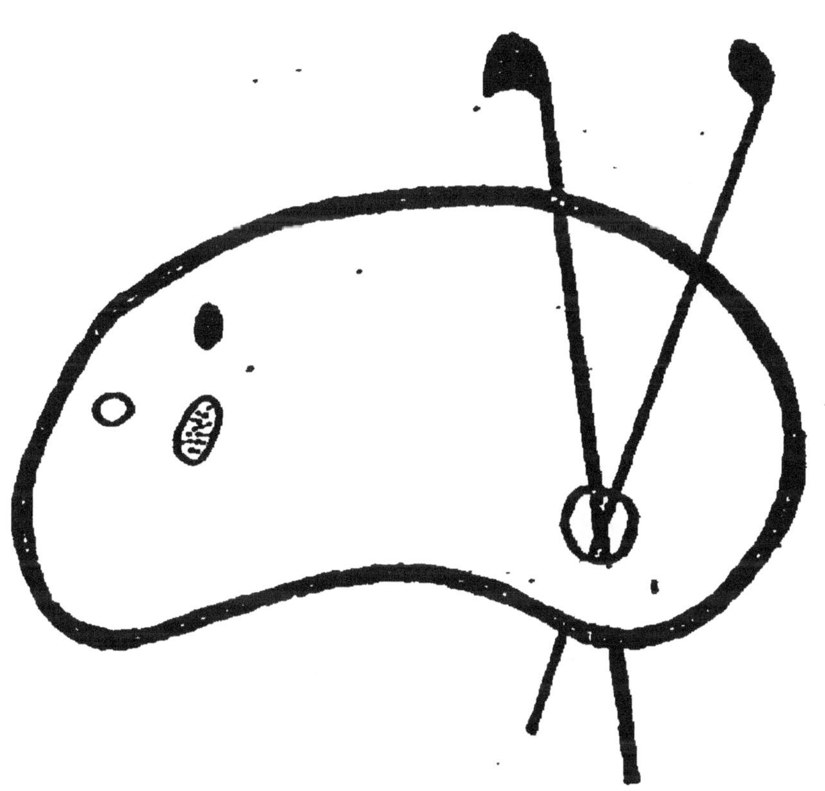

ORIGINAL EN COULEUR

NF Z 43-120-8